Mein Haushaltsbuch: Smarte finanzielle Jahresplanung
Marmor | Finanziell Clevere machen es schon lange.

Copyright 2020 – Urheberrechtshinweis
Alle Inhalte dieses Werkes insbesondere Texte, Fotografien und Grafiken, sind urheberrechtlich geschützt. Das Urheberrecht liegt, soweit nicht ausdrücklich anders gekennzeichnet, bei Neckische Notizen. Bitte fragen Sie uns, falls Sie die Inhalte verwenden möchten.

ISBN: 9798620915903
Independently published

Dieses Haushaltsbuch gehört zu:

Meine Motivation fürs Sparen

Schaue zurück und erinnere dich daran warum du die 2€, für einen Kaffee oder das Parken, um dir 10min Fußweg zu ersparen, nicht ausgegeben hast.

Für was spare ich?

Wie möchte ich meine Ziele erreichen?

Mein Erfolgskuchen

Jedes Stück spiegelt 10% deines Zieles wieder. Freue dich darauf das Erreichen deiner Zwischenerfolge mit Farbe zu füllen!

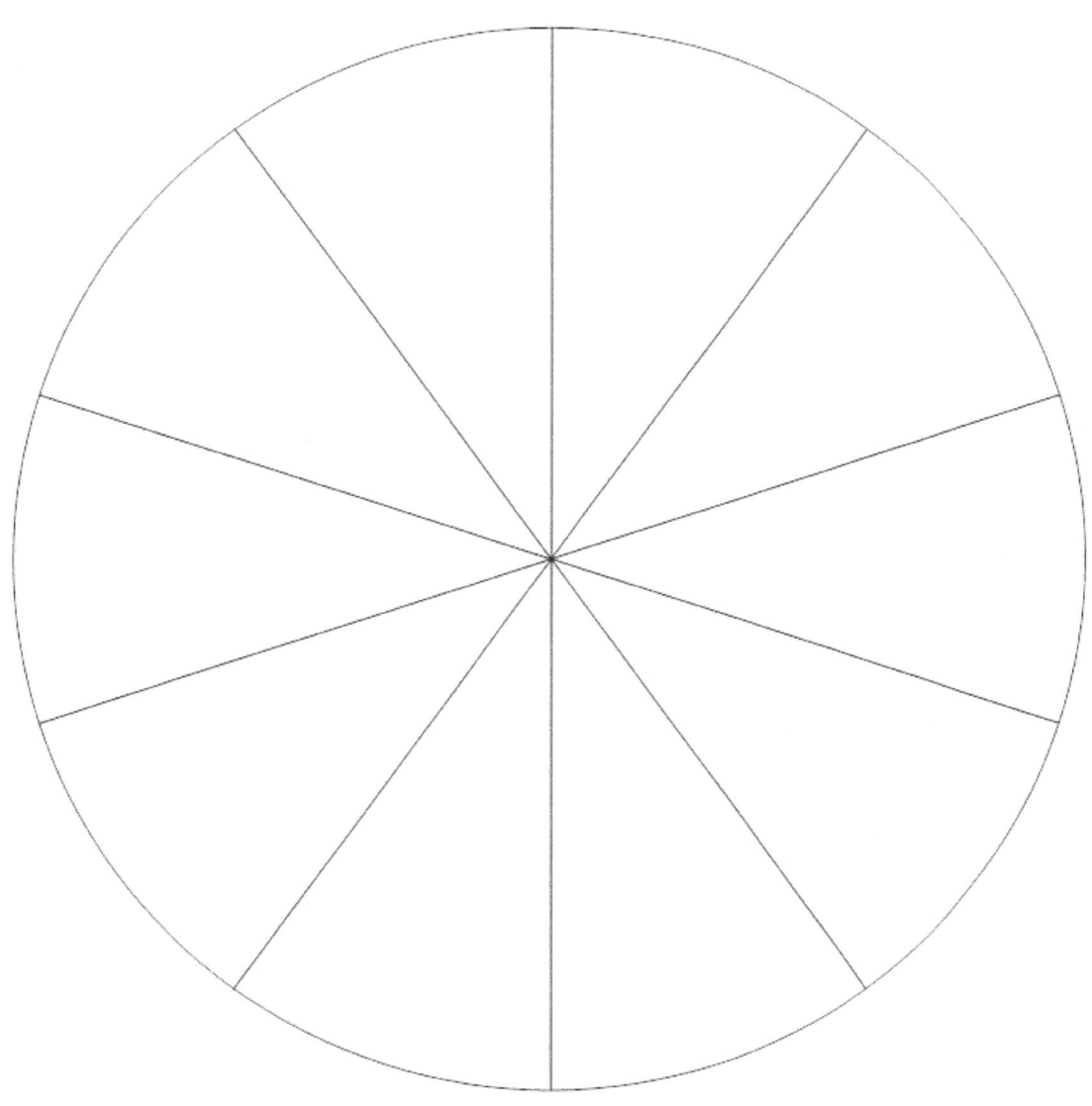

Finanzielle Ziele

Für jeden Monat:

- [ ] ....
- [ ] ....
- [ ] ....
- [ ] ....

Für jedes Quartal:

- [ ] ....
- [ ] ....
- [ ] ....
- [ ] ....

Für die nächsten 6 Monate:

- [ ] ....
- [ ] ....
- [ ] ....
- [ ] ....

Für die nächsten 12 Monate:

- [ ] ....
- [ ] ....
- [ ] ....
- [ ] ....

Jährliche Finanzübersicht

	Einnahmen	Ausgaben	Ersparnisse
Januar			
Februar			
März			
April			
Mai			
Juni			
Juli			
August			
September			
Oktober			
November			
Dezember			

Notizen

....
....
....
....

Dauerhafte Zahlungen

Empfänger	Beschreibung	vom Konto	Betrag
			Summe:

Versicherungen

Versicherungsart	Versicherter	fällig am	Betrag
		Summe:	

Meine Konteniibersicht

Name der Bank

Kontoart

IBAN

Sonstiges

Telefonnumer

Kontonummer/BLZ

BIC

Name der Bank

Kontoart

IBAN

Sonstiges

Telefonnumer

Kontonummer/BLZ

BIC

Name der Bank

Kontoart

IBAN

Sonstiges

Telefonnumer

Kontonummer/BLZ

BIC

Name der Bank ....

Telefonnumer ....

Kontoart ....

Kontonummer/BLZ ....

IBAN ....

BIC ....

Sonstiges ....

Name der Bank ....

Telefonnumer ....

Kontoart ....

Kontonummer/BLZ ....

IBAN ....

BIC ....

Sonstiges ....

Name der Bank ....

Telefonnumer ....

Kontoart ....

Kontonummer/BLZ ....

IBAN ....

BIC ....

Sonstiges ....

Ausgaben für

Tipp: Einmal jährlich solltest du deinen Energieanbieter und deine Energieverträge prüfen. Eventuell gibt es Günstigere oder mehr Bonus bei einem Wechsel.

Fixe **Einnahmen**

Datum	Beschreibung	Betrag
		Summe:

Fixe **Ausgaben**

Datum	Beschreibung	Betrag
		Summe:

Variable **Ausgaben**

Datum	Beschreibung	Betrag
		Zwischensumme:

Variable Ausgaben

Datum	Beschreibung	Betrag
		Zwischensumme:

Variable **Ausgaben**

Datum	Beschreibung	Betrag

Summe:

gesamt Einnahmen ———————

gesamt Ausgaben ——————— ☐ **Überschuss**

Differenz ═══════════ ☐ **Verlust**

Notizen

....
....
....
....

Ausgaben für

Tipp: Überprüfe deine Versicherungen. Manchmal sind Zusatzleistungen aufgeführt, die du gar nicht benötigst oder es gibt günstigere Anbieter.

Fixe **Einnahmen**

Datum	Beschreibung	Betrag

Summe:

Fixe **Ausgaben**

Datum	Beschreibung	Betrag

Summe:

Variable **Ausgaben**

Datum	Beschreibung	Betrag
	Zwischensumme:	

Variable **Ausgaben**

Datum	Beschreibung	Betrag
		Zwischensumme:

Variable **Ausgaben**

Datum	Beschreibung	Betrag

Summe:

gesamt Einnahmen ———————————

gesamt Ausgaben ——————————— ☐ **Überschuss**

Differenz ═══════════ ☐ **Verlust**

Notizen

....

....

....

....

Ausgaben für

Tipp: Deine Tarife von Handy, Telefon und Internet können schnell 50€ - 100€ kosten. Überprüfe diese und verlange eventuell weniger.

Fixe**Einnahmen**

Datum	Beschreibung	Betrag
	Summe:	

Fixe**Ausgaben**

Datum	Beschreibung	Betrag
	Summe:	

Variable **Ausgaben**

Datum	Beschreibung	Betrag
	Zwischensumme:	

Variable **Ausgaben**

Datum	Beschreibung	Betrag
		Zwischensumme:

Variable **Ausgaben**

Datum	Beschreibung	Betrag

Summe:

gesamt Einnahmen ———————————

gesamt Ausgaben ——————————— ☐ **Überschuss**

Differenz ═══════════ ☐ **Verlust**

Notizen

....

....

....

....

Ausgaben für

Tipp: Verkaufe alte Dinge, die du nicht mehr brauchst. Portale wie Ebay Kleinanzeigen oder der örtliche Flohmarkt ermöglichen einen schnellen Verkauf.

Fixe **Einnahmen**

Datum	Beschreibung	Betrag
		Summe:

Fixe **Ausgaben**

Datum	Beschreibung	Betrag
		Summe:

Variable **Ausgaben**

Datum	Beschreibung	Betrag
		Zwischensumme:

Variable **Ausgaben**

Datum	Beschreibung	Betrag

Zwischensumme:

Variable **Ausgaben**

Datum	Beschreibung	Betrag

Summe:

gesamt Einnahmen ———————

gesamt Ausgaben ——————— ☐ **Überschuss**

Differenz ═══════ ☐ **Verlust**

Notizen

....
....
....
....

Ausgaben für

Tipp: Schreibe eine Einkaufsliste und halte dich daran. damit du nicht von anderen Produkten im Supermarkt abgelenkt wirst.

Fixe **Einnahmen**

Datum	Beschreibung	Betrag
		Summe:

Fixe **Ausgaben**

Datum	Beschreibung	Betrag
		Summe:

Variable **Ausgaben**

Datum	Beschreibung	Betrag

Zwischensumme:

Variable Ausgaben

Datum	Beschreibung	Betrag
		Zwischensumme:

Variable **Ausgaben**

Datum	Beschreibung	Betrag
		Summe:

gesamt Einnahmen   ―――――――

gesamt Ausgaben   ―――――――   ☐ **Überschuss**

Differenz   ═══════   ☐ **Verlust**

Notizen

Ausgaben für

Tipp: Überprüfe, ob sich Fahrgemeinschaften gründen lassen. Zudem können eventuell Wege mit dem Rad oder zu Fuß zurückgelegt werden. Tut deinem Geldbeutel und deiner Gesundheit gut.

Fixe **Einnahmen**

Datum	Beschreibung	Betrag
		Summe:

Fixe **Ausgaben**

Datum	Beschreibung	Betrag
		Summe:

Variable **Ausgaben**

Datum	Beschreibung	Betrag
		Zwischensumme:

Variable **Ausgaben**

Datum	Beschreibung	Betrag
		Zwischensumme:

Variable **Ausgaben**

Datum	Beschreibung	Betrag

Summe:

gesamt Einnahmen ———————

gesamt Ausgaben ——————— ☐ **Überschuss**

Differenz ═══════ ☐ **Verlust**

Notizen

....

....

....

....

Ausgaben für

Tipp: Mache deine Steuererklärung. Hole dir evtl. Hilfe bei einem Lohnsteuerverein, einer Software oder einem Steuerberater. Es lohnt sich.

Fixe Einnahmen

Datum	Beschreibung	Betrag
		Summe:

Fixe Ausgaben

Datum	Beschreibung	Betrag
		Summe:

Variable **Ausgaben**

Datum	Beschreibung	Betrag

Zwischensumme:

Variable Ausgaben

Datum	Beschreibung	Betrag
		Zwischensumme:

Variable **Ausgaben**

Datum	Beschreibung	Betrag

Summe:

gesamt Einnahmen ——————

gesamt Ausgaben ——————   ☐ **Überschuss**

Differenz ══════════   ☐ **Verlust**

Notizen

....
....
....
....

Ausgaben für

Tipp: Durch einen speziellen Duschkopf kannst du bis zu 70% Wasser beim Duschen sparen, was sich in deiner Rechnung bemerkbar macht.

Fixe **Einnahmen**

Datum	Beschreibung	Betrag
		Summe:

Fixe **Ausgaben**

Datum	Beschreibung	Betrag
		Summe:

Variable **Ausgaben**

Datum	Beschreibung	Betrag

Zwischensumme:

Variable Ausgaben

Datum	Beschreibung	Betrag
		Zwischensumme:

Variable **Ausgaben**

Datum	Beschreibung	Betrag

Summe:

gesamt Einnahmen ———————

gesamt Ausgaben ——————— ☐ **Überschuss**

Differenz ═══════════ ☐ **Verlust**

Notizen

Ausgaben für

Tipp: Lade deine Freunde nach Hause ein anstatt auszugehen.

Fixe**Einnahmen**

Datum	Beschreibung	Betrag
		Summe:

Fixe**Ausgaben**

Datum	Beschreibung	Betrag
		Summe:

Variable **Ausgaben**

Datum	Beschreibung	Betrag
	Zwischensumme:	

Variable Ausgaben

Datum	Beschreibung	Betrag
	Zwischensumme:	

Variable **Ausgaben**

Datum	Beschreibung	Betrag

Summe:

gesamt Einnahmen ─────────

gesamt Ausgaben ───────── ☐ **Überschuss**

Differenz ═════════ ☐ **Verlust**

Notizen

....

....

....

....

Ausgaben für

Tipp: Stelle deine Geschenke selber her, anstatt teure zu kaufen.

Fixe **Einnahmen**

Datum	Beschreibung	Betrag
		Summe:

Fixe **Ausgaben**

Datum	Beschreibung	Betrag
		Summe:

Variable **Ausgaben**

Datum	Beschreibung	Betrag

Zwischensumme:

Variable **Ausgaben**

Datum	Beschreibung	Betrag

Zwischensumme:

Variable **Ausgaben**

Datum	Beschreibung	Betrag

Summe:

gesamt Einnahmen ───────────

gesamt Ausgaben ─────────── ☐ **Überschuss**

Differenz ═══════════ ☐ **Verlust**

Notizen

Ausgaben für

Tipp: Verzichte auf Lieferservices oder Fertiggerichte. Koche lieber doppelt so viel, damit du etwas im Kühlschrank hast, wenn du es benötigst.

Fixe**Einnahmen**

Datum	Beschreibung	Betrag

Summe:

Fixe**Ausgaben**

Datum	Beschreibung	Betrag

Summe:

Variable **Ausgaben**

Datum	Beschreibung	Betrag

Zwischensumme:

Variable **Ausgaben**

Datum	Beschreibung	Betrag
	Zwischensumme:	

Variable **Ausgaben**

Datum	Beschreibung	Betrag

Summe:

gesamt Einnahmen ─────────────

gesamt Ausgaben ───────────── ☐ **Überschuss**

Differenz ═════════════ ☐ **Verlust**

Notizen

Ausgaben für

Tipp: Installiere LED Lampen. Sie verbrauchen nur 5-10% der Energie von herkömmlichen Lampen.

Fixe **Einnahmen**

Datum	Beschreibung	Betrag
	Summe:	

Fixe **Ausgaben**

Datum	Beschreibung	Betrag
	Summe:	

Variable **Ausgaben**

Datum	Beschreibung	Betrag

Zwischensumme:

Notizen

Notizen

Notizen

Notizen

Notizen

Notizen

Notizen

Notizen

Notizen

Notizen

Notizen

Notizen

Notizen

Notizen

Notizen

Notizen